これから
教壇に立つ
あなたに
伝えたい
こと

樋口万太郎

東洋館出版社

はじめに

みなさん、こんにちは。樋口万太郎です。

早いもので、教職17年目に突入しました。これまで、永遠の若手とずっと言っていたのですが、それを言うのが何か恥ずかしくなってきました…。

これまでにのべ540人の子どもたちの担任の先生をしてきました。

4人の初任者の先生を指導してきました。

約70名の教育実習生を受けもってきました。

そして、ありがたいことに様々な所に呼んでいただき、学習会やセミナーで話をさせてもらい、数えきれないほどの先生に出会うことができました。

そういった中で、最近よく思うことは、

先生たちは本当に頑張っている！　もっと自分を褒めよう！

ということです。教育実習生や若手の先生たちを見ていて、自分が教育実習生や若手の頃よりも数倍優秀です。これは皮肉ではなく、本音です。本当に一生懸命に取り組んでいます。

ただ、私が1年目のときのように「失敗を許してくれる」という雰囲気が教育現場にないのも事実です。日々消費されていく…という感覚すら最近はあります。だから、疲弊していく先生たちを見ることが本当に辛いです。ただ、

少し見方を考えると楽になるのに
もう少し他の考え方を知っていると楽になるのに

といったようにも思っています。そこで、本書では

・教育実習生
・1〜3年目の先生

という対象の先生だけでなく

・若手を指導する先生・教育実習生を指導する先生・ミドルリーダーの先生

といった「指導をする先生」も対象に、私の考えを伝え、

少しでも気持ちが楽になってほしい
教師力を高めてほしい

というねらいからこの本を執筆しようと決めました。

そこで1章では、私のベースとなる「先生になるまでの教育実習時代の話」を初公開します。私は決して、優秀な教育実習生ではありませんでした。きっと勇気をもらうことになるでしょう。

そして、2章以降では、私が先輩から教わってきたことや、子どもたちから教わったことをもとに、よく若手の先生や実習生に話をしていることをまとめました。

章の最後には、私が運営しているLINEグループ「学生まなぼうズ」で募集した学生のみなさんに心に響いたエピソードをコラムとして載せています。

本書は目次を読み、気になったパートから読み始めても大丈夫です。

本書が誰かの支えの一助になることを願っています。

樋口万太郎

目次

2章　あなたに伝えたいこと「心構え」……29

3章　あなたに伝えたいこと「授業づくり」……93

1章　教師になる前の自分

この章では、教育実習時代のエピソードを紹介します。
この教育実習の経験が今の私の一部を形づくっています。

1　どうして先生になろうと思ったのですか？

私は先生になろうと思ったのには、３つの理由があります。

先生になろうと思ったのは小学5年生のときでした。私がいた当時の学級は、担任の先生の指導に子どもたちが反発し、いわゆる学級崩壊をしていました。

私自身もとてもやんちゃをしていました。でも、学校自体は大好きな子でした。

自分の学級は崩壊していたため、授業どころではありません。だから、隣のクラスの廊下に机を持っていき、廊下から隣のクラスの授業を受けていました。そんなややこしい小学生でした。そんな自分を省みて、

「将来、自分が先生になって、ぼくのような子どもが生まれないように、楽しい

学級をつくればいいんだ」

と思うようになったことが1つ目の理由です。

この当時、家に色々な先生が来られて、親といろんな話をしていました。そんなある日、3・4年生のときの担任のY先生が家に来られました。大好きな先生でした。ただ、この先生も他の先生と同様にぼくを叱りに来たと思い、違う部屋から話していることを盗み聞きしました。すると、

「樋口君は本当はそんなことをする子じゃない」

と涙を流し、私のことを一切叱ることなく、話をしてくれていました。

教師になって、この発言の重みを実感しました。その姿を見て自分がやってきたことを振り返り、迷惑をかけることはやめようと心に決めたのです。そして、

「この先生のように人のために涙を流せるような大人になりたい」

と、Y先生のような教師になりたいと思うようになったのが、2つ目の理由です。

ある日、将来の夢について作文をする宿題がありました。Y先生のような先生になりたいと思っていた私は、親に「将来、学校の先生になりたい」と言いました。そのとき、両親はとても喜んでくれました。当時の私は、父親の顔色を常に伺っている、親の期待を裏切ってはダメだと思っている少年でした。だから、私は親のうれしそうな顔を見て、

「将来、小学校の先生にならないといけない」

と決心したのが、３つ目の理由でした。ただ、この理由が私を悩ませていくことになります。中学校・高校と進んでいくなかで、「本当に学校の先生になりたいのか、自分に合った職業があるのではないか」と迷うときが数多くありました。しかし、親のうれしそうな顔を思い出し、「やめる」と言えないまま「自分は先生になるしかない」と思い込み、教育大学を受験したのです。

2　教育実習を休んで、サークルの練習にいこうとしていた

教育大学に入学後、教師になるための勉強をしようと心に決めました。が、その決心は三日坊主で終わりました…。

所属していた男女ソフトボールサークルにとても熱中したのです。授業に出るよりも、バットを振ったり、練習をしていました。

そして、深夜のコンビニバイトで1時間目の授業も遅れたり、バイトばかりをしてレポートをしなかったり、といったように典型的な不真面目な大学生でした。（4回生のときに、1回生が受講する英語の授業を受けたりしていました…）

だから、周りの人たちがボランティアに行って、現場の様子を知ったり、子ど

もたちと接したり、教師になるための経験を積んでいる間もずっとバイトかソフトボールの練習をしていました。今と違い、本も全く読んでいませんでした。

そんな日々を過ごしているとあっという間に3回生になり、教育実習に行く日が近づいてきました。

そんなある日、まったく現場のことを知らない、そんな自分がやっていけるのかというとてつもない不安に包まれました。夜も眠れなくなりました。

そして、周りの友だちが言う、

「子どもが好き」

「子どもがかわいい」

という感情が全くわからないということに気がついたのです。そして、そんな人間が教壇に立って、子どもたちに教えていいのかとさらに悩み始めました。

また、教育実習後、すぐに現役最後のソフトボールのトーナメント戦が始まります。大学生活、とても楽しんでいたソフトボールがついに終わりを迎えようとしていたのです。守備はめちゃくちゃ下手でしたが、バッティングには自信がありました。最後の大会、後悔なく終わりたいと考え、そして、バッティングの感覚を鈍らせないために、サークルの練習日である水曜日は、教育実習を休もうと決心したのです。サークルのために欠席すると言ったら、担当教官に叱られそうだったので、欠席するための理由もいくつか考えました。

これらの理由から、とにかく教育実習に行きたくなかったのです。行ったとしても、途中で辞めるかもしれないとすら思っていました。

でも、今思えば、その当時の私は、

「目の前の嫌なこと」

「不安なこと」

からどう理由をつけて逃げ出そうか考えてばかりだったのだと思います。

3　めちゃくちゃ楽しい実習

初日、ピンクのカッターシャツで、そして前日に戻した黒髪姿でイヤイヤ教育実習に行きました（このときはまだ坊主ではありませんでした）。

配属されたのは、大阪教育大学附属池田小学校　2年南組。

あの二度あってはならない事件があった翌年に実習に行きました。通常の校舎ではなく、プレハブ校舎でした。子どもたちが事件を思い出さないように、鬼ごっこが禁止されていたように思います。そして、心のケアのために動物が運動場にたくさんいました。図工の授業で赤色の画用紙を使用してもよいのか悩んだことを今でも覚えています。

教育実習3日目の放課後には、不審者対応訓練がありました。20歳の私が怖いと感じ、腰が抜けるんじゃないかというぐらいの迫力がありました。そこでの真剣な先生の姿を見て、私なんか場違いなのじゃないかとも思いました。あのような姿に、将来なれないとすら、感じました。

しかし、このときにはもう実習前に思っていた実習が嫌だという気持ちや実習を途中で辞めようと思っていた気持ちは全く失くなっていました。そういった気持ちはすべて子どもたちがなくしてくれたのです。子どもたちが「まんたろう先生〜」と寄ってきてくれるのです。休み時間のときには、今の自分では考えられないほどに子どもたちと外で遊びました。とにかく楽しかったことを覚えています。

ただ、実習前に感じていた周りの友だちが言っていた、

「子どもが好き」「子どもがかわいい」を実感することはできませんでした。

実は現在も実感することはできていません。ただ、その当時も現在も

子どもたちといるのがとてつもなく楽しい

という共通した思いがあります。私が受験した教員採用試験の集団面接で、

あなたは
・子どもへの愛情0だけど指導技術が100の先生
・子どもへの愛情100だけど指導技術が0の先生
のどちらの先生にしかなれないとしたらどちらになりますか？

という質問がありました。私は迷うことなく、後者の「子どもへの愛情100だ

けど指導技術が0の先生」を選択し、指導技術は伸ばすことができても、愛情は伸ばすことができないという理由を言いました。そして、正直に「子どもが好き・子どもがかわいい」を実感することはできていないという話もそのときにしたことを覚えています。このエピソードを知り合いに話をすることがあります。「まんたろう先生が思われている、子どもたちといるのがとてつもなく楽しいということが、子どもが好きということではないの？」と言われることがあります。そうなのかなと思う反面、ちょっと違うんだよなと思っている私がいます。

4　めちゃくちゃだった指導案

教育実習時代に書いた学習指導案を、いまだに持っています。そして、内容を鮮明に覚えています。実習中に行った教科は算数・図工・国語・算数の4時間でした。公立に実習に行った友人は10時間を超える授業を担当したとよく聞きましたが、私は4時間が精一杯でした。というか、10時間もしたいとは思いませんでした。未熟な私の授業を目の前の子どもたちに多くはできないと思っていたからです。

当時、学習指導案が全く書けませんでした。現在の大学生は学習指導案を書く授業があるようですが、当時はありませんでした（当時もあったのかもしれませんが、自分が授業に出ていなかったのかもしれません…)。

当時はワードの使い方が全然わからなかったため、手書きでした。だから指導教官の先生が赤色でびっしりと書いてくれたコメントをもとに、何度も0から書き直していました。

しかし、このときの私は、「何度も0から書き直すなんて面倒だ」という気持ちは1ミリたりともなく、ただただ何度も未熟な指導案をみてくださる指導教官の先生に対して、申し訳ない気持ちでいっぱいでした。今では考えられませんが、当時の教育実習は、かなり夜遅くまで学校で指導案を書いていました。それに付き合ってくださっていた先生にはとても感謝しており、またその時間がとてつもなく楽しかったことを覚えています。

こんな経験があるからといって、今の学生にもっと夜遅くまで学校に残って取り組めとは思いませんし、言おうとも思いません。

もし、言っているのであれば、

当時の自分の枠組みでしか物事をみることができていない

ということになります。先輩方の武勇伝や成功例を聞くことを若い先生は嫌がるという話をよく聞きます。結局は、相手のことを考えずに、話し手が当時の自分の枠組みでしか物事をみることができていないからこのようなことが起こると考えています。

ちなみに、学習指導案は教師になってからも全然書くことができませんでした。むしろ私よりひどい指導案は存在しないのではないかとすら思っています。これまで受けもった実習生のなかで私よりひどい指導案に出会ったことはありません。

5　最終日大泣き

実習の最終日、私は大泣きでした。大号泣でした。

子どもたちがお別れ会をしてくれ、別れを悲しんでくれました。たくさんの折り紙や手紙もたくさん貰いました。こんな自分のために泣いてくれる子どもたちに本当に感謝をし、愛おしく思ったのです。

教育実習後には、書類を届けないといけないことになっていました。私はその書類をわざと忘れて学校に訪問し、「あ！　忘れました。すみません。もう1度来ます！」という芝居を2回行いました。

子どもたちと何度でも会いたいという気持ち、そして教育実習で味わった充実感を再び味わいたい。教育実習期間で、自分の存在意義を見つけたような感覚がありました。その存在意義を確かめたいといった気持ちでした。

しかし、わざと忘れているのだと指導教官の先生は気づいていたのでしょう。2回目に訪問したときに次のようなことを言われました。


樋口くん、最終日は泣いてくれてありがとう。

でもね。このクラスは樋口くんの学級じゃないの。私のクラスなんだよね。

だから、先生になって、樋口くんは樋口くんの学級を作ってごらん。

自分の色を出した学級を作ってごらん。

しんどいこともあるけれど、きっとこの学級よりも、もっとステキな学級を作ることができるよ。

と言われたのです。とても衝撃を受けた言葉でした。教師になろうと、ここで本当に決心をしました。

実際に教師になり、1年目が終わる頃、この言葉の意味がわかりました。言葉の通り、しんどいことも多々ありましたが、教育実習の学級以上に、楽しい学級を作ることができたと実感することができました。教師になって本当によかったと思いました。この指導教官の先生と出会ったことで、将来この附属で働きたいと思うようになりました。1年目のときから、「将来は附属で働きたい」ということを周りに宣言していました。

この7年後、実際に附属で勤務するという夢を叶えました。すると、ある日、高校生から電話がかかってきました。それは実習先で受けもっていた（当時小学校2年生の）子どもでした。覚えてくれていたことに、とても感激しました。

学校

私（樋口万太郎）

教育実習生

子ども

2章　あなたに伝えたいこと「心構え」

ここから教職17年の間に手に入れた46の考え方をご紹介します。
現在のご自身の考え方と比較しながら、お読み下さい。

1 「ありがとう」とは言わない

ぼくは25だと思います！

ありがとう。そうだよね。この問題は25になるよね。

このような授業場面にみなさん、なにか違和感を感じませんか。

そうです。教育実習生が「ありがとう」と子どもたちに言っています。

え⁉ 「ありがとう」と言ったらダメなの、と思われたかもしれませんが、「日常生活」の中で、子どもに対して感謝することがあれば、「ありがとう」と言いましょう。

しかし、「授業中」はどうでしょうか。

この場面では「ありがとう」と言うことは、子どもの発表に「感謝」をしているということになります。教育実習生にとって、授業を行うときには、

・子どもたちからどのような反応があるのか

・みんなわかってくれるかな

など多くの不安を抱いています。そのため、こちらが事前に想定していたことが子どもたちから出てきたときには、「感謝」のような気持ちになるのでしょう。

しかし、子どもたちにとっては、いつものように答えただけで、別に感謝されるようなことはしていないという思いをもっています。

こういった発言を続けていると、子どもが上、教師が下という上下関係が生まれてしまいます。「子どもに舐められる」「子どもにバカにされる」といった話ではありません。子どもたちより先に生きている分、様々な経験を先生たちはして

います。だから、上下関係は存在します。だからといって、上から目線の発言や態度をしていこうという話ではなく、適切な上下関係があるため、

人生の「先輩」として、子どもに適切なアドバイスをすることができる

のです。それが、子どもが上、教師が下という上下関係では、難しくなります。

「ありがとう」以外にも、

「～してください」「お願いします」「～してほしいんです」

といった発言でも同様のことが起きる可能性があります。

実は私もこのような発言をしていました。先輩から指摘され、意識して直すようにしました。ただ、改善することがとても大変でした…。

2　「他に」は使わない

ぼくはたて×横だと思います！

そうですね。他にありませんか。

この「他に」という言葉はとても危険です。普段、私は使わないようにしています。授業を参観されたとき、授業者が「他に」と何回言うのか、どの場面で使うのかチェックしてみてください。

実習生にも「『他に』と言う言葉を使うことは禁止です。」と言っています。このように実習生に言うと、授業中に「他に」と自分が言っていないかドキドキし

ます。「他に」の言葉の代わりに、

（まだ他にも考えがある場合に）もうないよね？

まだあるよ。

まだあるの！　すごいね！

ととぼけるようにしています。ときには、

「まだ◯つあるよ。みんなでみつけてごらん」

「他の視点で考えてごらん」

とアドバイスをするときもあります。また、

「違う考えをしている子を発見したよ」

と違う考えをしている子がいないにもかかわらず、子どもたちに促すために、こ

のように言ったりすることもあります。

なぜ「他に」と言わない方がいいのか。これは教育実習生に限らず、教師の言う「他に」には、

「子どもたちが言った考え」＝「授業者が欲しい考え・言ってほしい考え」ではなかった。だから、違う考えを言って欲しい

という意味が含まれていることがあるからです。教師からの隠れたマイナスメッセージといってもいいでしょう。子どもたちはこのメッセージに気づくものです。

そして全体で発表することを躊躇するようになったり、教師が望む答えを探し始める「忖度」ばかりする子に育ってしまう可能性があります。

3　子どもの「大丈夫」を信用しない

休み時間に、○○くんがこけてしまいました。本人は大丈夫と言っているのですが、報告しておきます。

報告ありがとう！　何でもいいから報告してね！

子どもたちの「大丈夫」は、実際大丈夫ではないときがあります。

だから、最終的に子どもたちが大丈夫と言っていても、その言葉を信用せずに、

大丈夫か・大丈夫でないかは私自身が決める

ようにしています。子どもが大丈夫と言っていても、擦り傷があれば保健室に行き、消毒をします。子どもからしつこいと言われるときもあります。

私が小学5年生のとき、トイレで遊んでいて、指が挟まれました。痛くて、保健室に行くと「大丈夫だよ」と言われました。家に帰っても、親から「大丈夫」と言われました。でも、尋常じゃないくらい痛みがありました。

次の日になると、指がパンパンに腫れ、指先が紫色になっていました。急いで病院に行くと、複雑骨折でした。この日以来、私は他人が言う「大丈夫」を信用しないようになりました。子どもの「大丈夫」と言っていることを信じ、そのまま帰宅させた後、実は大きな怪我をしていたということが発覚すると、家庭からクレームの連絡が来ることは誰でも予想できます。それを防ぐためです。

怪我といった場面だけでなく、授業中に「ここまでわかったかな？　大丈夫？」と聞くことがあります。このときも「大丈夫」と返答があっても信用しません。

わかっていなくても大丈夫と言っている場合があるからです。子どもたちは、**自分が「わからないこと・できないこと」を他人に知られるのを嫌がります。**

教室で「わからない」といえる環境を作るためには、「教室は間違うところだ」と言うだけでなく、教師がわざと間違えたり、「わからない」と言えた子を、

「わからないと言えることは成長しようとしている証拠、すばらしい！」

と価値づけたりするようにしています。

4　「準備不足でした」はNGワード　パート1

明日の授業にむけて、なにかアドバイスはありますか？

明日の協議会で、準備不足でしたと言わないでください。

この後、「え…」という表情を大体の方がされます。だから、

「できる限りのことを精一杯してください」

「できる範囲で準備不足にならないでください」

と言っています。

できる範囲でというのは、睡眠時間を削ってまで授業準備をしてほしくないか

らです。時間は有限です。誰もが同じ24時間です。

限られた時間の中で、高パフォーマンスを発揮する

ことが大切だと考えています。これは子どもたちにも言うことです。

ついつい、日本人の悪い癖で**質より量**と考えがちです。私は違うと思っています。

場面によって、人によって、質や量が変わる

ことが大切ではないでしょうか。新出漢字の宿題で、10回書くといった宿題が出されることがあります。この10回書くと覚えることができるといったエビデンス

はあるのでしょうか。子どもによっては先に覚えていた漢字を書くことになります。そこに必要感はありません。理想は、漢字を覚えるための手段の1つとして、「10回書いて覚える」があるべきだと思っています。大人の世界では「過程」ではなく、「結果」を大切にされているのも事実です。

小学校教育は「過程」をどちらかといえば大切にされる傾向があるように思います。ときには、「結果」を求めることも大切だと考えています。

樋口学級では、漢字は漢字のまとめテストで点数を取ればよいと言っています。つまり「過程」である漢字の小テストは何点でも構わないと言っています。小テストは成績に含まないとまで言っています。

結果を求めることも時には大切です。

5 「準備不足でした」はNGワード　パート2

今日の授業は準備不足でした。

準備不足なのに、子どもたちの前に立つのは失礼じゃないのか。

と20代の頃の私は実習生に言っていました。準備不足で子どもたちの前に立つのはどうなのかといまだに思いますが、1年間の自分自身の授業で、準備が完璧という授業はどれほどあるのでしょうか。実習生が1時間の授業にかける量を普段の授業づくりにかけることができているでしょうか。毎日6時間授業。あたり前ですが、実習生のように量をかけることは不可能です。そのぶん、「質」が求められるわけです。量をカバーするために、テクニックを身につけることも大切です。

教師という仕事には終わりがありません。いくらでも仕事があります。一番避けたいことは、睡眠時間まで削って、授業準備をすることです。この方法はいつか限界がきてしまいます。よいパフォーマンスを発揮できなくなります。

だから、どこかで折り合いをつけないといけないのも事実です。そう考えると、常に私たちは「準備不足」なのかもしれません（準備をそもそもしないという話ではありません）。前のテーマでも書きましたが、いかに限られた時間の中で、高パフォーマンスを発揮するかがポイントになってくるのではないでしょうか。自分の仕事に納得できるのかということも大切になってくるのではないでしょうか。

私は今、「準備不足なのに、子どもたちの前に立つのは失礼じゃないのか」とは言わなくなりました。その理由はもう1つあります。

数年前、実習生が、担当する授業の前の時間に、机の下で自分の授業で必要な貼り物を作っていたのです。そうです。内職をしていたのです。さらに、ワークシートや板書計画ができていないということにも判明しました。

その実習生は精一杯取り組んでいました。睡眠時間を削ってまでがんばっていました。それでも、当時の私は前述のことを言い、叱りました。

数時間後、「私は先生に向いていないのでしょうか…」とその実習生が相談にきました。そこで、私自身の実習生への指導力が不足していたことにハッと気づかされたのです。もっと私に指導力があれば、この実習生は苦しまなくてもよかったはずです。実は、実習生への指導、そして子どもの指導の結果がよりよくなるには、

指導する立場の人間の「指導の仕方」も大きく関わってくるのです。

6　楽しかった？

今日の授業は楽しかったですか？

楽しかったです！

協議会で、必ず「今日の授業は楽しかった？」と聞きます。私の教育モットーの一つが「笑顔」です。子どもの笑顔だけでなく、教師の笑顔も大切にしてほしいという願いを込めています。笑顔になるためには、授業を楽しむしかありません。私は、実習生だけでなく、研究授業の授業者も楽しんでもらいたいのです。

様々な小学校で算数授業を参観するのですが、提示する問題に学年の先生や有名なアニメのキャラクターの名前が出てきたり、授業の流れにあわずに自分の過去の写真やエピソードを取り入れたり、答えの大きさの順に言葉を並び替えると一つの言葉になったりする授業をみるたびに、思わず苦笑をしてしまいます。そういう表面上の楽しさは一瞬のものです。少しでも、子どもたちに楽しんでほしいという思いから行っていることでしょう。でも、楽しさとはこういったものではありません。

・子どもが問題を解けて笑顔になっている様子を見る楽しさ
・子どもが友だちと協力しながら問題に挑んでいる様子を見る楽しさ
・子どもたちの真剣な顔つきを見る楽しさ
・今日も楽しかったと言っている子どもたちを見る楽しさ
・昨日はできなかったことができるようになっている様子を見る楽しさ

など、授業において楽しく思えることは多く出てきます。私は子どもの様子を見て、楽しいと思うことがとても多いです。このように楽しむためには、自分の考えを子どもたちに押しつけるのではなく、

子どもたちの会話や考えを受け入れるしかありません。

そして、授業についてよく考えておかないといけません。よく考えているため、子どもたちの反応や表情や考えなどに楽しさを感じることができます。つまり、

教材研究が大切

ということです。教材研究はこれから先も絶対に大切なことです。

7　子どもたちの言うことがよくわからない

子どもの言っていたことがわからなかったです。
大人がよくわからないなら、他の子どもたちもわかっていないよ。

大人がわからないのであれば、他の子どもたちはわかっていないことが多いです。それにも関わらず、わかったふりをして、話を先に進めようとしてしまいます。大人の悪い癖です。

わからないのであれば、

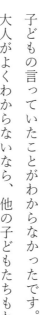

「わからない」と子どもに言うことが、実はその子のためにもなり、他の子のためにもなる

と考えています。ただ、「わからない」とストレートに言うと、傷ついてしまう子もいます。だから、「ごめんね、先生よくわからなかったの。もう1回言ってくれないかな」と言うようにします。それでもわからない場合は、「ごめん。先生わからない。わかった子、教えて」と正直に言います。発表者以外の子に聞き、発表者以外の子に「○○さんの言いたいことは〜ということじゃないの？」と言ってもらい、その発表者の味方を増やすようにしていきます。すると、不思議なもので、子どもたち同士で理解を深めていきます。大人にはわからない、子どもたちだけがわかる表現もあります。

常に、教師は子どもたちのよき理解者になる必要はありません。世の中に出れ

ば、周りの人が常に自分のよき理解者とは限りません。子どもたちが困っているとき・悲しんでいるときには、その子にとってよき理解者であるべきです。しかし、前述のような場面では、よき理解者でなくて構いません。よき理解者でいようとするために、子どもの発表を
「つまり、◯◯くんが言いたかったことは△ということだよね」
と代弁したり、子どもの言いたいこととは違うように話をしたりしてしまうときがあります。もしかしたら、

自分の気持ちに正直にならないことは、子どもの成長の妨げになっている場合があるのかもしれません。

8　タイムマシンに乗って過去に戻れるとしたら…

タイムマシンに乗って過去に戻れるとしたら、どこを改善したいですか？
◯◯と◯◯を改善したいです。

授業後には、授業についての反省会を行います。反省という言葉がつくと、よいことやプラスなことは言ったらだめ、マイナスなこと、改善点を言わないといけないといった風潮を感じます。これは子どもにも大人にも言えることです。これは大きな間違いです。反省会というものは、

プラスなこと・マイナスなこと・改善点を言う場

です。プラスなことを言わない反省会がほとんどです。実習生が行う授業はたしかに未熟かもしれません。それでもよいこと、プラスなことは必ずあります。人の授業を見て、マイナスな点しか気がつかないようであれば、「マイナスな見方」でしか見ていないということです。授業者にも、反省会では必ずプラスなこと（よかったこと・できたこと）を言ってもらうようにしています。

プラスなことは次の授業でも継続して行う
マイナスなことは改善するように努力する

というように、次回につながるような有意義な反省会にすることが大切です。

「タイムマシンに乗って〜」と私が言うのは、しっかりと自分の授業を客観視してもらうためです。また、改善する場所を明らかにするだけでなく、「どのような方法で改善をしていくのか」という具体策まで考えることが大切です、このとき、できる限り多くの具体策を言い、その中から、

有効だと思う方法を自分で選択してもらう

ようにしています。どの方法がその人にとって有効な方法かを自分で決断してほしいからです。普段の授業で、「うまくいかなかったな〜」と思う場合は、1つではなく複数の改善策を考えておくようにします。思いつかない場合は、近くの先輩などに聞いてみるのも一つの手です。

9　何度も授業をするのは…

公立に実習に行っている友人は何度も授業をしています。
何度もしてみたいと思う？

だいたいこのように聞くと、「しなくて大丈夫です」という返事が返ってきます。本校では、実習生は授業を4時間行うということになっています。基本的には、この4時間で濃い授業づくりをするようにしています。

学校によっては、何度も授業をするという話をよく聞きます。私が学生のときも、公立に実習に行った友人からそのような話を聞いていました。でも、その当時も何度もやってみたいとは思いませんでした。なぜなら、子どもたちに対して申し訳ない気持ちでいっぱいだったからです。自分の授業はどうしても未熟だからです。そんな未熟な授業をすることに、子どもにも、担当の先生にも迷惑をかけるのではないかと思っていました。

何度も授業をすることについて、否定しているわけではありません。私も「この授業をもう1回隣のクラスでチャレンジしてみたら？　隣の先生にお願いするよ」と言うこともあります。

実習生にとってはよい経験かもしれません。実習が終われば、次はもう現場です。だから、その思いはよくわかります。でも、子どもたちにとってはどうなのでしょうか。子どもたちの学びの責任をしっかり保障できるのか、心配になります。

そして、指導案や略案もない状態で授業をしてもらうことに、担任として子どもを預かる身として不安を感じないのでしょうか。指導案や略案も書かせずに取り組ませるということには納得はできません。

指導案や略案なんかいらないという風潮が、SNSにはあります。私は必要だと考えています。指導案や略案があるから、研究ができたり、少し安心して授業に取り組めたりするものだと思います。指導案作成が嫌なのは、指導案検討会のもち方や協議会のもち方ではないでしょうか。それと混同してはいけません。

ここまでこんなことを書きながら、「この授業をもう1回隣のクラスでチャレンジしてみたら？　隣の先生にお願いするよ」と言ったときに、「大丈夫です」と言われたときには、「え〜、挑戦しようよ〜」と心の中で落胆していますが、「了解です」と言うようにしています。

10　〇〇だからできるんですか？

附属の子だからできると思っていました。

この子たちの積み重ねの結果だよ。

附属だからできる、先生だからできる、この学年だからできる…。

そんなことを実習生に限らず、いろいろな先生から言われることがあります。

私の1番嫌いな言葉です。ただ、気持ちもわかります。

たしかに、目の前の子どもたちの実態だけを見るとそう思うのかもしれません。

しかし、ここにいたるまでの「過程」は何もなかったのでしょうか。4月と現在の姿は同じでしょうか。どの学級でも絶対に違います。

「〇〇に困っています」という相談をよく受けます。そのときに、

「4月と現在、その子は同じ姿でしょうか。きっと違います。小さいかもしれませんが成長をしているはずです。その子自身が成長できていること、その成長のために様々な支援を先生もしているはずです。子どもが成長していること、様々な支援をがんばっていることに自信をもちましょう」

と言うようにしています。子どもと教師が頑張ったから今の姿があるのです。4月からの積み重ねです。その成長を認めつつ、より成長するための方法を模索していきたいものです。ついつい目の前のことに目が行きがちです。子どもによっ

て、成長度合いが違うように、短期的に取り組んで成長することもあれば、長期的に取り組まないと成長しないということもあります。

長期的な視点で取り組んでいくこと
そしてすぐに結果がでないからといってあきらめないこと

を意識してほしいと思っています。こういったことを意識できると、子どもの見方が変わります。1年生だからできない、この子たちだからできないというように思うと、本当にできないように思ってしまい、子どもたちの成長を妨げてしまう可能性があります。子どもは私たち大人に比べると未熟な存在かもしれません。でも、子どもたちには無限の可能性があります。その無限の可能性を信じてみませんか。

11　当たり前だと思わない

みんな知っていると思っていました。

みんなが確実に知っていることはないのかもしれないよ。

みんなが知っていると思うようなものでも、子どもによっては知らないというケースがあります。この原稿を書いているとき、アニメ「鬼滅の刃」が大流行していました。樋口学級には、もちろんこのアニメが大好きな子もいれば、1話もみたことがない子もいます。家庭によっては、見せたくないという家庭もありました。

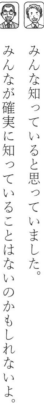

これまでに、「アンパンマン」や「カラオケ」を知らない子に出会ったことがあります。最初は、「え？　本当に知らないの!?」「勘違いしているんじゃないの？」と心の中で思いましたが、その子は本当に知りませんでした。大事なことは、

何事も知っている・したことがあるということを前提に話を進めない

ということです。たとえば、カラオケを知らない子がいるのに、カラオケを知っているという前提で話をしないということです。そうしてしまうと、カラオケを知らない子は、なにもわからないまま話が進んでいってしまいます。

では、一人でも子どもが知らないことは使わないほうがよいのかといえば、そうではありません。SNSで「『鬼滅の刃』を知らない子もいるので、キャラクターや言葉を使うべきでない」というツイートを多く見かけました。気持ちはわ

かりますが、（内容面は抜きにして）

知らない子がいるから使わないという発想はとても危険

です。そのような発想になると、学級全員の子が知っているアニメなどの物事はごく限られたものになります。他の場面でも、「全員が同じ環境・状況になる」ということは限られます。この発想だとあらゆる場面で制限され始めます。要はバランスです。適切に適度に、使用すればよいのです。ただ、学校には「全員が同じ環境・状況にならないといけない」という考えが多く存在していますが、

全員が同じ環境・状況にならないことを嘆くより、

どのように支援をしたらいいのかという発想の転換が必要です。

12　空中戦を避ける

◯◯くんが自分の考えを長々と言っていたよね。聞いて、理解していた子はどれくらいいたと思う？

うーん。少ないと思います。

長々と自分の考えを発表する子がいます。その子は相手に一生懸命に考えを伝えようとしているのでしょう。しかし、聞き手は考えを聞こうとしているものの、内容をほとんど理解できないこともあります。話が長いと感じた段階で、話を聞くのをやめる子もいることでしょう。

自分の考えを黒板や端末を使うことなく、言葉だけで伝えようとしている様子をまるで空中に言葉があるような状態から、「空中戦」と呼ばれることがあります。

この空中戦はとても危険です。大人でもそうですが、空中に飛び交う言葉だけでは理解できないものです。そこで、子どもたちが自分の考えをより伝えるために

黒板に書いたり、端末を使ったり、自分の表現物を提示したりする

といった自分の考えを可視化することで空中戦を防ぐことができます。

さらに発表をしているときに、1度に全てを言うのではなく、

発表途中で「ここまでいい？」と聞き、相手の反応をみる

という発表の仕方を子どもたちに教えます。相手の反応が悪ければ、もう1度そこを説明するようにします。

ここまでの話は、教師自身にも言えることです。教師の話は「。」がなく、長々と話をしてしまう人がとても多いです。だから、基本的に空中戦になっています。したがって、子どもたちは話を聞いていません。そこで、

一文を短く・端的に

話すことを心がけましょう。私の場合は、1時間の授業ビデオをみて、それを見返し、自分の話す量について振り返りをするようにしています。

13　本気で遊んでいるふりをする

今日もたくさん遊んできました。

本気で遊んだらダメよ。本気で遊んでいるふりをしてね。

1章でも書きましたが、教育実習生のときの私は子どもたちと休み時間に遊ぶのが、なによりも楽しかったです。鬼ごっこをしていても、2年生相手に本気でした。休み時間後は汗だくで3時間目や5時間目は過ごしていました。

現在、子どもたちと本気で遊ぶことはありません。なぜなら、本気で遊ぶと周りが見えなくなり、子どもにぶつかってしまい怪我を負わせてしまうという可能性があるからです。教師が子どもを怪我させてしまったら大事件です。

1年目、体育でハンドベースボールをしていました。大学時代、私はソフトボールサークルに所属しておりました。子どもたちもそのことを知っており、「ボールを本気で投げて欲しい」と何度も言われ、子どもたちによいところを見せようと、野球クラブに所属しているとても上手な男の子とキャッチボールをすることになりました。そこで、その男の子に思いっきり投げてしまいました。

男の子はボールをキャッチすることができずに、その男の子の手首にボールがあたってしまいました。柔らかいボールだったため、大きな怪我にはならなかったのですが、それでも少し赤くなっていました。すぐに冷やし、放課後家に連絡を入れ、謝りました。保護者も許してはくれましたが、一歩間違えたら大きなことへと発展していた可能性もあります。

だから本気で取り組むのではなく、余裕・余白を残しながら、取り組むことが大切です。7割ぐらいの力で取り組むイメージです。そして、余裕・余白があることで、どのようなことにも対応ができるようになります。

今の時代、本気で何事にも取り組む熱血教師は受け入れてもらえないこともあります。私は熱血教師が悪いとは思いません。ただ、自分の考えや気持ちを押しつけるだけの熱血さはいりません。

相手のことを考えたうえで、本気で本音で取り組む

ことはよいと思っています。今の時代、自分のことを本気で本音で接してくれる人はそう多くはいません。

14 後で教えてくれませんか？

○○というアニメを知っていますか？

○○を知りません。後で教えてくれませんか？

樋口学級では、教育実習初日の1時間目にはいつも子どもたちと教育実習生の交流の時間を設定しています。一人ひとり自己紹介をし、お互いに質問をし合うといった流れです。実習生は子どもたちの質問にすべて答えることはできません。そのような場面では、右のセリフを言う場面を多く見かけます。

「○○を知りません」と答えるより、右のセリフは好感度のもてる返答です。後でということは、その話題に興味・関心をもっているということを相手に伝えることでもあります。

しかし、このように返された子どもたちは、

「後で〇〇について話ができる！」と思う子もいれば、

「そうは言っているけど、どうせ聞きに来ないんだろうな」

と思っている子がいるのではないかと考えています。実際に、この後、子どもたちに聞きに言っている方がとても少ないように思います。実習生にとっては、数多くいる学級の1人からの質問かもしれませんが、その子にとっては1人からの質問です。話ができると思っていた子は期待を裏切られ、聞きに来ないと思っていた子すらも「やっぱりか」とがっかりすることでしょう。だから、「後で教えてくれませんか？」と言ったのであれば、しっかりと実行をする必要があります。つまり、

自分の言葉に責任をもって、実行する

ことが大切です。こういったことで、子どもとの信頼を築くことができます。

実行できないのであれば、「後で教えてくれませんか?」と言わない方がよいです。

すぐに無理でも、数日後、1週間後でも構いません。実行することが大切です。

私も子どもと約束しておきながら、実行できないこともあります。そんなときは、「ごめんね。約束を守れなくて」と謝るようにしています。守れない約束は、最初から約束をしないというのも選択肢の一つです。

私は忘れん坊なので、子どもと約束をしたときはすぐに実行するか、メモを書いて机に貼って、忘れないための努力もしています。

15 お兄ちゃん先生は若いときだけの特権

子どもたちの距離感が近いことが悩みです。

たしかに悩みかもしれないけれど、若いときの特権でもあるよ。

私は1~3年目の頃、「早く10歳ぐらい、歳をとらないかな」とよく言っていました。私はどちらかといえば、子どもたちとの距離感が近い先生です。私は1年目のときから、子どもたちから「まんちゃん」と呼ばれていました。

まんちゃんと呼ばなくても、私のことを「まんたろう先生」と呼ぶ子はとても多いです。苗字ではなく、下の名前で呼ばれている段階で、距離感が近くなっています。見た目のシルエット、性格から「樋口」先生よりも「まんたろう」先生という方が合っているようです。若い頃は、距離感が近いことを武器にしていた一方で、本当にそれでよいのかと悩んでいる時期がありました。教師として10年目ぐらいの経験を積むことで、威厳をもつことができるのではないかと考え、冒頭のようなことを言っていました。

そんなある日、尊敬する先生から、

「あだ名で呼ばれるくらいで学級が崩れるのなら、その程度の学級経営しかできていなかったことだよ」

と言われ、心がスッとなったことを覚えています。

20代のときは、子どもと年齢も距離も近いです。子どもたちもお兄さん、お姉さんと見てくれることは、私はプラスだと考えています。そのように見てくれるからこそできる指導もあると思っています。距離が近いことで、子どもに指導しにくいのではないかと思われる方もいますが、「軸」をもっていれば大丈夫です。

30代後半となった今、誰もお兄さんと見てくれる子はいません。おじさん・おばさん、もしかしたらお父さん、お母さんと年齢が近いかもしれません。20代のときのような気持ちや子どもへの接し方ではダメなことに気がつくことでしょう。

だから、

若いときだけの特権があるうちに、教師としての力をつけておくのです。

そのように20代を過ごすことも大切です。

16 活動させるという呪縛

教えていいんですか？

え⁉　教えたらだめなの？

言語活動の充実、アクティブ・ラーニング、主体的・対話的で深い学び…。

こういった用語が出てきて以来、大学の授業では講義型が減り、グループ活動が増えてきたことでしょう。そして、「教師が教えるということよりも子どもが考える時間をメインに！」といったことを学んできているのでしょう。

その結果、冒頭のように思われる方がいたり、講義型授業で教えたらダメだといった風潮がでてきたりしているのでしょう。

しかし、これは完全に誤解です。講義型でも構いません。みなさんも講義型の授業で、頭をフル回転させるような授業を経験したことがあるのではないでしょうか。そのような講義型の授業であれば、オッケーということになります。

「教える」＝「知識を詰め込む」と思われる方が多くいることでしょう。クラスの子、全員に知識を詰め込むことができたら、すごいことです。全員に詰め込むことができないから悩むのではないでしょうか。

「教える」を辞書で調べると、

知識や技能を身につけるように導く

と載っています。決して、知識を詰め込むとは書いていません。ここのイメージのもち方にも誤解があるように感じます。

そして、活動型だからといってオッケーというわけではありません。頭をフル回転させるようなことがない、「なんのために活動を行うのか」というねらいがないような活動では取り組む意味がありません。そういった活動がとても増えています。

教えることは教える。考えることは考える。つまり、教えると考えるのバランスを考えてくことが大切です。

教えると考えるのバランスは、1時間の授業で50％ずつというわけではありません。目の前の子どもの実態や学習内容に応じて変わってくるものです。

17 提出物は締め切りを絶対守る

提出物が間に合いそうにありません…。
締め切りを守るということは、社会人としてのマナーです。

教育実習の結果、教師という道を選択しない方もいます。教育実習前から、「教師にはならない」と決意し、来られる方もいます。将来、どのような道に進もうが、その人の人生ですので、私は教師にならないからといって何も思いません。ただ、そういう方にも、「社会人としてのマナー」については伝えたいと考えています。社会人のマナーとして、大切なことは、

時間を守る・締め切りを守る

ということです。（時間を守るについては次の項目で）

私は学生のとき、レポートの締め切りによく遅れていた学生でした。締め切りを過ぎてから提出をしても受け取ってもらえず、その結果、単位を落としたり、成績が悪かったりしました。学生のときは、自分自身に返ってきました。

しかし、社会人になると、自分で完結する話ではなく、他人に迷惑をかけてしまいます。そしてその結果、相手から信頼を失っていきます。相手も大人であるため、その後も付き合っていきますが、心の中ではどう思っているか…。

①　7割の出来で提出物を5日前に提出

②　10割の出来で提出物を5日後に提出

①と②のどちらが相手にとって印象がよいでしょうか。私が主催しているLINE

の学習グループでアンケートを実施したところ、投票された100名近くの方が①を選択しました。たしかに①は7割の出来かもしれませんが、提出後に修正することができます。もしわからないことがあるのであれば、直前ではなく、余裕をもって相手に聞いておくべきです。

自分の提出物の内容に自信がもてなく、ギリギリまで悩んだりして、締め切りがギリギリになったり、遅れてしまう方もいることでしょう。提出をしたものが未熟で、相手から何か言われたらどうしようかと思う気持ちはよくわかります。私もそのように思っていました。それでも、締め切りを守りましょう。相手からの印象が全く違います。

18　時間を守る　パート1

先生は子どもたちが時間を守らないことに厳しいですね。

社会のマナーが守れないときは厳しく言います。

「5分前行動をしよう」ということを、みなさん一度は先生に言われたことがあるでしょう。私は子どものとき、「なんだよ」と反感をもっていました。しかし、今だから思うことは、時間を守るために、

5分前行動をすることは、とても大切だ

ということです。あたりまえだと思われるかもしれませんが、これをしっかり行うのは、簡単なようで難しいことです。昨年度、6年生の担任をしていました。ある日、図工の最初の開始の時間にかなりの人数が遅れました。6年生だから、休み時間に委員会の仕事をしたり、合奏の練習をしたりしていることが多くいました。だからといって、遅れていいわけではありません。

大人も同様です。放課後に行う会議。なかなか時間通りに集まらない学校が多いのではないでしょうか。生徒指導で遅れてしまうことは仕方ありません。生徒指導を優先すべきです。しかし、遅れる人はだいたいいつも一緒です。附属に行ってびっくりしたことが、会議が時間通りに始まるということです。

相手に質問する場合でも同様です。わからないことがあるのであれば、直前ではなく、時間に余裕をもって相手に聞いておくことが大切です。人は自分の都合(自分軸)で考えがちです。しかし、

相手にも都合（相手軸）があります。組織にも、社会にも都合があります。自分の都合（自分軸）、相手の都合（相手軸）の折り合いが大切になっていきます。

だから、たとえば会議に5分遅れると、待っている相手の5分を奪うことになります。5分あれば、何人のノートを点検することができるでしょうか。5分あれば、何枚のプリントに丸つけすることができるでしょうか。そんなことを考えると、簡単に遅れることはできなくなるはずです。相手意識をもって行動するためには、5分前行動は大切な行動になります。

19　時間を守る　パート2

時間を守れないのなら、子どもに時間を守ろうと言ったらダメだよ。

え!?

前項で、「相手意識をもって行動するために5分前行動をしていきましょう」と書きました。私たち教師は、子どもたちに「時間を守りましょう」と言いがちです。言っているのであれば、先生もしっかり守りましょう。もし守れないなら、言うのをやめましょう。「授業時間を守っていないのに、ぼくたちにだけ…」と反発する子が必ずいます。もしかしたら、クラス全員が心の中ではそう思っているかもしれません。こういったことが重なると、子どもたちは先生に対して、不信感を抱くようになります。

今から数年前、隣の学級の子が、

「まんたろう先生は、時間通りに終わるからいいよね！　私のクラスは、ほとんど延長しているよ！　休み時間が減るから、（担任の）先生に時間を守ってほしい。」

という隣の学級のクレームを私のところに言いにきたことがありました。

話し合いが盛り上がりすぎて、最後まで行かなくても、あと少ししたいことがあっても、あきらめて授業を終えましょう。時間通りに終わるだけで、子どもたちの心をぐっとつかむことができます。時間オーバーしないためには、内容を詰め込まないことも大切です。時間オーバーしたとき、多くの子どもたちの頭の中は遊びモードです。つまり、

チャイムがなると子どもたちは授業モードをシャットダウンします。

ただ、自分ごとになっている授業やとてもおもしろいと感じる授業のときは、休み時間になっても授業モードを継続することができます。しかし、そういった授業を行うことはなかなか難しいものです。

ここまで言っておいて、私も授業時間がオーバーしてしまうときはあります。そんなときは、次の開始時間を変更して、私は休み（休憩）時間を確実に確保しています。私はいつもそのようにしていますが、「まんたろう先生は、ちゃんと5分休憩を取ってくれるんだ！」と4月、多くの子どもは驚きます。時間をしっかり確保するだけで子どもは先生を信頼してくれます。

20　叱る

先生が叱っている様子、本当に怖かったです。

子どもたちに真剣に向き合っています。

20代の頃の私は、「怒る」ことばかりしていました。子どもの話もろくに聞かずに、一方的に怒っているときもありました。今思えば、子どもたちに謝りたいと思う指導ばかりでした。怒ると叱るは違うと言われています。

怒る……相手に自分の感情をぶつけるもの

叱る……相手をよい方向に導こうとするもの

このようにみると、怒るよりも叱ることの方が教師として適切と思うことでしょう。20代の頃の私の指導は、「叱る」ことになっていませんでした。しかし、

場合によっては、「怒る」ということがあってもよい

と最近思うようになりました。もちろん、相手が傷つくような言葉や相手を否定するような言葉、相手が萎縮してしまうようなことはあってはいけません。ただ、見方によっては、自分の感情をぶつけるぐらい、その人のことを本気に思っているという見方ができないでしょうか。本当にその子のことを思い、こちらの思いを伝えているのです。

話し合いをするときには、思いを伝えるだけでなく、子どもの話をしっかり聞かないといけません。今、私は話し合いをするときには次の3点を意識していま

す。

・なぜダメなのか（理由）
・自分はどう思うのか
・解決策、改善策
ということを相手に考えさせたり、教えたりする

ようにしています。できれば、子どもたち自身で3点を考えさせたいのですが、子どもによってはなぜダメなのか、解決策がわかっていない場合があります。そういった場合には、しっかりとなぜダメなのか、解決策を子どもに教える必要があります。

21 「子どものために」は危険な言葉

子どものために頑張ります。

自分のためにも忘れずにね。

「子どものために」というフレーズは、様々な場面で使われます。目の前の子どもたちのために頑張っていきたいものです。

しかし、実はこの「子どものために頑張る」という言葉は、危険な面もあるのではないかと最近は考えています。たとえば、相手から「子どものために○○を頑張りませんか？」と言われたとき、「はい」としか答えることができません。

「いいえ」と言うと、子どものためにすることを否定したように聞こえます。

「子どものためになんて言われなくてもわかっている」「大前提」

と思っていても、相手に伝わらない可能性があります。○○について疑問を思っていても、否定することができなくなる可能性もあります。今行っていることが否定された気持ちになる可能性もあります。

体調が悪くても、今忙し過ぎても、今余裕がなくても、自分のペースで取り組みたいと思っていても、「子どものために」と言われると、とにかく頑張らないといけないといったように感じてしまうときがあります。頑張りすぎることが積み重なると、体調を崩してしまう可能性もでてきます。時と場合によっては、

「子どものために」は、相手を追い込んでしまう可能性があるフレーズ

ということを意識して、使用してほしいです。

私の教育モットーの1つの「笑顔」をもう一度お伝えします。

子どもの笑顔だけでなく、先生の笑顔も忘れずに！

子どもたちがいくら笑顔でも先生の顔が曇っていれば意味がありません。逆に先生がいくら笑顔でも子どもの顔が曇っていれば意味がありません。子どもの笑顔も先生の笑顔も揃っていないといけません。

子どものためにと考えることも大事ですが、そこだけの視点ではなく「自分のために」といった他の視点も忘れてはいけません。

3章　あなたに伝えたいこと「授業づくり」

22 挙手をする

子どもたちが全然挙手をしなくて…。

挙手をすることが全てかな？

挙手をすることはそれほど大切なことでしょうか。たしかに、たくさん挙手をしている姿は子どもたちがアクティブなように見えます。しかし、挙手をしている中には実は何も考えていない子もいるかもしれません。周りの雰囲気にあわせて、手を挙げているだけかもしれません。

私は20代の頃、「全員が挙手する」ということを目指していました。しかし、あるとき、「オレ、実は何も考えずに手を挙げてるねん。当たる確率って、38分の1やから。」と子どもに言われたことがあります。それを聞いたとき、とてもショックを受けたことを今でも覚えています。

自分の考えを他人に伝えるために挙手をすることは、必要なことです。全く挙手が必要なくなるとは思いません。考えをみんなで深めていく場では、必ず必要なことです。ただ、1人1台タブレット端末が導入されていく今後、自分の考えを伝える方法は挙手して発表するだけではなくなります。「挙手をする」という目的をもう一度考え直さないといけない時期にきています。

挙手をする・挙手をしないという見方ではなく、挙手をしないのであれば挙手をしない理由を考えるという見方をしていきたいものです。

挙手をしない理由はなんでしょうか。

・そもそも問題がわからない

・自分の考えに自信がない
・全体の場で発表することが恥ずかしい
・過去に発表をしたときに、友だちにマイナスなことを言われた
といった理由が考えられます。

授業で全員挙手をしようと目指すのではなく、こういった理由を一つずつ解消していくことの方が大切です。

こういった理由を一つずつ解消した結果、全員挙手になっていきます。こういった理由を一つずつ解消した学級は、温かい・仲が良い学級に必ずなっていきます。

23　実習生の授業は似ている

 ねえ先生。どうして実習生の授業は似ているの？

 え⁉　似ているかな？

昨年度、私は６年生の担任をしていました。６年生の子たちにとっては、12回目の教育実習の期間でした。１回５人実習生が来たとしたら、５×１２＝６０人に出会っています。１人４回授業をしたら、２４０回。６年生になると、２４０回近くの実習の授業を受けたことになります。子どもたちはある意味、教育実習のベテランです。

これは樋口学級のある子が書いた実習生の授業について書いた日記です。

今日は、実習生の授業がありました。実習生の授業は毎回パターンが同じ様に思えます。はじめにめあて、めあての予想をして、何かを行なって、まとめという感じです。なんでだろう？　同じなの。

この子は悪気があって、このようなことを書いたわけではありません。素直に思ったことを書いています。

「守・破・離」という言葉があります。

守の段階は「教えられたことを忠実に守り、実行すること」です。

破の段階は、「今まで学んだことを、この段階で初めて破り、応用をきかせ発展させていくこと」です。

離の段階は、「今まで学んだことを離れ、オリジナリティーを出すこと」です。子どもが前述のように思ったということは、ある意味、型ができているという見方もできることでしょう。

まずは授業の型を守の段階でしっかりと作ってから、そして、「破」へと…とは私は言いません。授業がうまくいかなかった、授業に自信がないときには、「守」である全国各地の学習スタンダードや教科書の指導書の流れを参考にしながら、進めていくことは大切です。

しかし武道の世界と違い、もうあなたは「型は十分。次のステージへと進みましょう」とは言ってはくれません。私自身、おそらく「破」から入った人間です。「破」の中で、「守」を身に付け、その結果「離」となった教師だと分析しています。20代は「守」でも、いずれは「守」を卒業するという意識は忘れないでください。

24 授業はいつ考えているのか パート1

授業はいつ考えているのですか？

授業は、時間があるときに単元でまるごとつくっています。

この質問は実習生に限らず、多くの方から質問を受けます。全国各地のスタンダードといわれるものは45分単位で、

1 問題提示
2 課題把握（めあて）
3 自力解決

4　練り上げ
5　まとめ（振り返り）
6　適用問題

といった学習過程で行われます。これを45分で行います。

しかし、資質・能力の育成のために重視すべき学習過程の例として、算数・数学ワーキンググループの資料（平成28年4月18日　教育課程部会配布資料7―2）では、

・疑問や問いの気付き
・問題の設定
・問題の理解、解決の計画
・解決の実行
・解決したことの検討

・解決課程や結果の振り返り
・新たな疑問や問いの気付き

が求められています。これらのことを45分で行うことはできるでしょうか。学習内容によっては、できるときもあれば、できないときもあります。単元で考えないと達成できないことです。

これらの学習過程をしっかりと授業に位置づけていくためには、1時間単位ではなく、単元まるごとで考えないといけません。つまり、今回の学習指導要領では、

1時間ではなく、単元で考えていこう

ということが推奨されていると考えることができます。

25　授業はいつ考えているのか　パート2

単元まるごとでつくるというのは納得できました。その時間があるときっていつですか？

時間は自分でつくるものです。

「今から授業づくりの時間ですよ」とは誰も言ってくれません。

時間は有限です。みんな平等に24時間です。24時間のうち、授業を考える時間は人それぞれです。子育てしている方、介護している方、何か事情がある方は時間が限られることでしょう。独身・結婚後、一人暮らし・実家暮らしによっても自分が好きに使える時間が変わってくることでしょう。

人によって違う時間をどのように使うのかは自分次第です。授業づくりに使うのか、自分の趣味に使うのかは自分次第ということです。また、思っている以上にスキマ時間というものが存在します。そのスキマ時間を有効に使えるかどうかもポイントになります。

職員室でずっとおしゃべりをしている方に出会うことがあります。職員間でコミュニケーションをとることは大切ですが、ずっとおしゃべりをしていて、仕事をする時間が減るということは、もったいないことです。そういう方に限って、時間がないと言われる方が多いように感じます。学年会を行うとき、お菓子を出してきて、まずはお菓子を食べてから…。非効率すぎます。

おしゃべりをしながら、仕事をすればよいと思っています。そのような「〜ながら」仕事は相手にとって失礼だとか、「〜ながら」をすることは集中できないと言われる方がいます。もちろん子どもに関わる真剣な話のときは自分の仕事を止め、しっかりと話を聞き、話し合わないといけません。状況によるということです。この、

「〜ながら」は教師として身につけておきたい能力の1つ

です。教室で1人の子に指導し「ながら」も、他の子たちの様子を見ておかないといけません。1人の子に集中しすぎて、周りが見えなくなってはいけません。

普段から学年の先生と話をしておくことで、定期的な学年会を行う必要がなくなります。学年主任をしたときは、放課後は職員室で仕事をしてほしい、学年で話をするのは最大17時まで、「ながら仕事」で話をすることをお願いしています。

26 今日の授業は失敗しました

今日の授業は失敗しました…。

失敗したかどうか、子どもたちはわからないよ。

「失敗した」「うまくいかなかった」と言う実習生や先生に多く出会います。参観している先生は、学習指導案を持っているため、どのような展開で進めたいのか、達成したい本時の目標がわかっているため、授業がうまくいったのか、どういうところで苦しんだのかがわかります。

しかし、子どもたちは学習指導案を持っていません。そのため、どのような展開でどこまで進めるのか、子どもたちは基本的には知りません。

授業がつまらなくて全員の子どもたちが寝始めたとか、開いている教科書のページと全然違うページを授業してしまったとかであれば、子どもたちでもこの授業が失敗したとわかることでしょう。でも、基本的には、つまらないと思っても、授業がうまくいかなかったのかどうかなどわかるはずがありません。

これまでの私の授業で「うまくいった！」と思えた授業はほとんどありません。毎日、授業が終わるたびに、「ここがうまくいかなかった」「ここをこうすればよかった」など反省ばかりです。その反省を次に活かそうと日々努力をするようにしています。

だから、「今日の授業、うまくいきました～」「完璧です～」という人に出会うたびに、この人はよっぽどすごい先生か周りが見えていないかのどちらかだと内心思っています。

自分にとっては100点、完璧かもしれませんが、子どもにとってはそうではないかもしれません。私の夢は教師を退職するその日の最後の授業で100点満点の授業を行い、退職をすることです。

実習生は1時間の授業が勝負になります。でも、担任になれば、1時間というより単元であったり、もっと長期的に勝負することができます。だから、「担任の先生であれば、本時で失敗したと思ったことを次の時間にフォローができるけど、実習生の場合はそれができないのがつらいよね」といった話もよくします。子どもは失敗と思わなくても、教師が失敗と思うのであれば、失敗をそのままにせずに、次の時間で失敗をフォローすればよいのです。

「授業はいつ考えているのか　パート1」でも授業は単元を通して考える大切さについて書きました。やはり単元を通して考えていくことは必要不可欠です。

27 失敗を恐れずに挑戦する

こんなことをしてみたいんですけど…。

いいじゃん、おもしろそうじゃん。やってみよう。

この会話は「いいんですか!?」と多くの場合続きます。許可がもらえてよかった！　というよりも、許可されたことへの驚きの反応の方が多くあります。

私はSNSをやっています。そのDMで、「〜なことを考えています。アドバイスをください」といった質問が多くきます。質問のたび、「とにかく挑戦したらいいじゃん」と思っています。

挑戦をした結果（失敗）を恐がっている先生が増えてきているように思います。子どもたちにはよく「失敗を恐れるな」と言います。子どもたちに言うのなら、見本である我々が失敗を恐れてはいけません。

「挑戦することができる」ということも教師としての資質・能力の1つ

と最近よく考えています。挑戦した結果、うまくいかないかもしれません。それでも構わないと思っています。失敗から見えてくることがあります。その失敗を活かすことに価値があるのです。たいていの失敗は、どうにかなります。

私が1～3年目の頃、数多くの失敗をしてきました。そのたび、先輩たちがフォローをしてくれました。ミドルリーダーとよばれる10年目以降は、そのような役割が求められています。

「私、失敗しないので」というあるドラマの主人公の決めゼリフがあります。自分でそのように言う分には、まだよいですが、他人から「あなた失敗したらだめよ」と言われるとプレッシャーがかかり、いつものようなパフォーマンスができない可能性もあります。学級だけでなく、職員室でも失敗が許される温かい雰囲気づくりをしていく必要があります（もちろん、許されない失敗もあります。そのような失敗のときは温かい雰囲気でなくて構わないと思っています）。

私が尊敬する野村克也氏が「失敗は成長の母だ。失敗と書いて成長と読む」ということを言われています。また、西野亮廣氏は、才能は「生まれ持ったモノでも何でもない。才能とは、「挑戦した数だ」。挑戦し、そこで背負った想いや傷の集合体が「才能だ」と言われています。とても共感します。さぁ、挑戦をしましょう。

28 捨てる勇気をもつ

授業がどうしても終わらないときはどうしますか？

捨てる勇気をもとう！

「19 時間を守る パート2」にもつながる話です。時間を守ろうとは思っているのですが、研究授業になると時間をオーバーしてしまうことがあります。うすうす気づいているものの自分の授業の主張のためには、欠かせない活動があったりして、時間を延長してしまうことがあります。でも、授業時間がオーバーしないために、

事前に考えていた活動や授業展開や教材や問題などを「しない・捨てる」

という決断をすることも大切です。事前に一生懸命に考えた活動や展開もあります。それらは勇気を振り絞り、捨てるのです。本当に勇気がいりますが…。普段の授業でも同様です。

また、私の感覚では、45分の授業を

10～20％カット、だいだい35～40分

の時間配分でつくるイメージでいます。以前の私は、毎日の授業で詰め込めすぎて時間がオーバーすることがほとんどでした。しかし、35～40分の時間配分で考えはじめてからは、時間オーバーが解消されつつあります。ただ、最初は時間が

余ったらどうしようなどと不安に思いました。でも、

子どもとより対話をすることができる
自分に余裕がもてる
子どもたちからのどんな考え方にも対応できる

ようになりました。

より一人ひとりの子どもの考えに耳を傾けることができるようになりました。今では対話を楽しんで、時間が足りないという新たな悩みが出てきたのですが…。

29 授業モードを途切れさせない

先生って、授業中に読書をさせないのですね。

基本的にはさせない。思考が途切れちゃう。

4年生を担任しているとき、「先生、問題を解いたら本を読んでいいですか」と算数の授業開きで言われたことがあります。この子だけでなく、多くの子が同じように質問をしてきました。前年の先生が、どの教科でも問題を解いた後は本を読むことを認めていたのでしょう。私は基本的には、

問題を早く解いた人に読書をさせるということに反対

です。読書を認めると、「読書をしたい」と思い始め、授業に集中できなくなるかもしれません。授業は、早く終わっても、読書をしている暇なんかないはずです。

終わった子は、まだ悩んでいる子のサポートをしたり、忙しいはずです。自分だけが解き、読書をするのなら学校に来なくても、通信教育や勉強サプリを見て学べばよいのです。では、学校という場で学ぶ意味はなんでしょうか。私は、

自分とは異なる人たちと同じ学級の仲間として学ぶ

ということだと思っています。同じ学級の仲間として学んでいても、

うまくいくこと・うまくいかないこと、成功すること・失敗すること、喧嘩をすることもあることでしょう。助け合うこともあるでしょう。自分が苦手なことをカバーしてくれることもあるでしょう。そういった経験が成長させてくれます。

自力解決を行なったとき、早くできる子・できない子の「差」が生まれてしまい、スキマ時間が生まれてしまいます。スキマ時間ができると「手遊び」をしてしまう子やすぐに「おしゃべり」をしてしまう子などが生まれてしまいます。読書をさせることで「差」をなくしているように見えるかもしれません。時間差はたしかになくなっているのかもしれません。でも、根本的な差の解消にはつながっていません。

30 適度な緊張感をもたせる

先生の授業には適度な緊張感がありますよね。

そうそう。適度な緊張感があるように意識しているよ。

何か子どもたちが集中していない、ダラダラしているときがありませんか。また、全体で考え方や解き方を共有しているときに、誰かが発表しているのに「聞いていない」「聞いているフリ」をしているといった授業で集中できていない状態になっている子はいませんか。このようになる原因の一つは、程よい緊張感がないからです。程よい緊張感がないと、「マンネリ」「ごまかす」「面倒臭い」といったいいい加減な気持ちになります。いい加減な気持ちになるといい加減なことをしてしまうのが人間です。私もそうです。

「緊張感をもたせる」ためには、子どもたちの様子を見ておき、いい加減なことをしている組があったときには、「座っている子はわかっているということだから、立っている子たちにヒントを言えるよね。」と優しく笑顔で言うのです。その一言で、「自分のことを言われているかも」「やばい！　バレた！」と緊張感をもたせることができます。優しく笑顔で言う言葉ほど恐いものはありません…。

しかし、（○○さん、話聞いていない…。よし当てたれ）と思い、「○○さん、続きを言いましょう」と突然当てたりすることは避けましょう。たしかにこの方法でも「緊張感」をもたせることができます。しかし、この方法は、

子どもの心を傷つけてしまう方法

です。周りの子は、○○さん、話を聞いていないの、と思ってしまうことでしょう。そんな状態を先生が作り出してしまうのです。

では、こういったときは、たとえば「じゃあ、出席番号で当てるよ。う〜ん…。6番（○○さんの出席番号）」と間接的に当てます。当たっただけで、「やばい！バレた！」と思うのが、子どもの心理です。そして「わからないときは、パスと言ってもいいよ」と逃げ道も用意しときます。ただ、逃げ道だけでは逃げるだけになりますので、「パスをしたなら、他の子の考えをしっかり聞いといてね。この後突然聞くからね」と予告しておきます。そしてその後に、本当に当てるのです。これだけでも緊張感が生まれます。

31 常に緊張感ではなく、ONとOFFを

程よい緊張感でいいんですか？　常に緊張感があった方が…。

常に緊張感があるのは大人でもしんどくないですか？

「30　適度な緊張感をもたせる」の続きです。学校のトップである校長先生に、職員室での会議中に、「○○先生、今年の学校目標を間違えずに言ってください。はい！　では、立ってください。」と言われたらどうしますか。学校目標は、その学校で勤めている人なら覚えていて当たり前のことです。でも、実際は…当てられた先生以外は、もしかしたら、「自分が当たらなくてよかった！」「かわいそ

うに！」と思っているかもしれません。心の中でガッツポーズをしているかもしれません。当てられた本人は「間違えたらどうしよう」「間違えたら笑われるかも…」と思っているかもしれません。

こんな緊張感のある職員会議は嫌だと思いませんか。そう思うと、45分間ずっと緊張感がある授業はしんどいです。学校の1日は、45分の授業×6コマをずーっと集中して聴けている子はいません。大人でも無理です。大人が無理なことは子どもも無理です。

みなさんも学生だったとき、つまらない授業のときは頭の中で妄想していたり、違うことを考えたりしませんでしたか。私はいつも頭の中で野球ゲームを妄想していました。1年生は短い時間しか集中できません。低学年でよく、背筋ピン！手は膝の上において集中して聴きなさいといった指導を見かけることがあります。見た目は集中をしているように見えていても、中身はぼくのように集中してい

ない可能性もあります。だから、そういったことを防ぐためにも、

緊張感をもたせる（集中する）ときのONとOFF、切り替え、メリハリ、緩急を意識して授業を行う

ことが大切です。

これを授業者が意識し、今はON、ここはOFFでもいいやと思うと授業は確実に変わります。今、OFFかなと思ったときには、思い切って遊んでも構いません。

そういったときに、オススメしているのが、「算数アクティビティ200」「国語アクティビティ200」（フォーラムA）です。

32　授業づくりで大切なこと

授業づくりで大切なことはなんですか？

うーん。色々あるけれど…。

教材研究、子ども理解、教具の作成、板書、端末の使い方…、授業づくりで大切なことはたくさんあります。授業づくりの本はたくさんあります。そこで今回は他書とは違った視点を書きます。大切なことは、

授業づくりで大切なことは「そうぞう」する力と振り返る力

です。目の前の子どものことを「想像」しながら考えていくことが大切です。

先生になったとき、実習のときとは異なり、教科書の指導書にある本時の展開を参考にしながら、授業を行うことが増えるでしょう。私は教科書や指導書を執筆していますが、教科書や指導書は、一般的な子どもや学級を意識しながら作っています。私の色が出ないように作るようにしています。つまり、教科書や指導書の展開がすべてではないということです。だから、目の前の子どものことを「想像」しながら、問題や展開などをアレンジしていってほしいと願っています。

指導書や教育書に書かれていることを追試することもあるでしょう。そのときに、そのまま追試するのではなく、「想像」に加え、「創造」することも行ってほしいと考えています。たとえば、２つの実践から目の前の子どもたちの実態を想像し、よいとこ取りをして、授業を創造するという方法です。これは０から１というよりAとBからCを創造するということです。

ネットやＷＥＢが流行り、コピペによる弊害でしょうか。先生たちのコピペする力は育っていても、「そうぞう」する力が最近弱くなっているような気がします。

創造したものは自分の実践です。自分の実践は、しっかりとうまくいったこと・うまくいかなかったことという視点で振り返りをしてください。そして、

何がダメだったのか振り返り、次に活かす

ということを繰り返します。これを行うことで授業力が必ず伸びていきます。

4章　あなたに伝えたいこと「学級づくり」

33 任せる

子どもに任せているのが本当にすごいです。怖くないのですか？

めちゃくちゃ怖いよ。

最近、コーチング、ファシリテーションといった言葉が出てきています。そういったことも影響しているのか、子どもたちに「任せていこう」といった傾向があります。これはよい傾向です。教師主導から子ども中心へと主導権が変わっていくことは大賛成です。ただし、

任せるという名の「指導の放棄」をしている

場合が最近多いなと思っています。任せるといっても、なんでもかんでも任せてよいわけではありません。しっかりとこちらが考えたうえで任せないといけません。任せたらだめなときもあります。何か楽をしよう、子どもたちにとって都合のいいような提案のときには任せてはダメです。それは「指導の放棄」をしているだけです。

任せる割合をどんどん増やしていく

ことも大切です。任せるときには、

「責任は全て先生がとるから、自由に思い切りやるんだ！」

といった心意気をもっておきましょう。子どもたちに任せたときには、失敗することやうまくいかないこともあります。教師が介入した方が効率的なこともありますす。そんなとき「やっぱり任せるもんではなかった」と思うことはやめましょう。基本的に子どもは失敗するものです。うまくいかないのが当たり前です。だからうまくいけば、丸儲け。そんな気持ちでいましょう。そして、失敗しそうだな、うまくいかなさそうだなというときはさりげなく陰からサポートし、あたかも自分たちの力でできたと思えるようにしましょう。

34 自由

先生のクラスって自由ですよね？

そう見えるかな？

私の学級を参観された方からよく「自由ですね」という感想をもらいます。参観された方は、授業中の子どもたちの発言や活動の様子からそのように思われるのかもしれません。ただ、この自由の意味の捉え方を間違えると、

自由という名の無秩序

しか待っていません。無秩序＝学級崩壊です。「任せる」と似ています。子どもたちは、よく自由という言葉を使います。しかし、子どもが使う自由には、

何をしてもいいんだ・自分の好きなようにしていいんだ

という意味が込められています。これは完全に誤解です。自由なら何をしてもいい…。考えてみると怖くありませんか？　大人の世界でも、そんなことはありません。私たちには法律があります。してよいこと、ダメなことがしっかりとあります。「私、自由なの！」と言っている人の周りの方が、その人のフォローをしているというケースもよく見かけます。教室における自由とは、あくまで先生の掌の上での自由です。そして、

人はある程度の制限があってこそ、より自由にできるものです。

中学校になると校則があります。校則があるから自由にできるのです（とはいっても、意味のわからないブラック校則は今すぐ考え直されるべきです）。先生からの指示で動くのではなく、自分たちで動き出せるようになるには、「子どもに任せる」ということや「ある程度の制限（きまり）のもと取り組む」ということが大切になっていきます。

しかし、納得できないような制限、過度な制限は自由を妨げるものになります。このバランス感覚が難しいところです。

35　傷つかないのですか？

子どもの発言で傷つくことはないのですか？

え!?　傷ついているよ。

20代の頃、子どもからよく「キモイ」とか「あっち行って」ということを言われていました。「なんでそんなことを言うんだ」と叱ったこともあります。

2年目で6年生の担任になりました。この子たちは昨年度に学級崩壊を起こした中心メンバーがいました。特定の女の子たちが「キモイ」とか「あっち行って」とか「うざい」とかマイナスな言葉を使うのです。この子どもたちにどのように指導していけばよいのか、とても悩みました。毎日、試行錯誤をしていました。

そんなある日、その子達は、「キモイ」「あっち行って」「うざい」と言いながら、私のそばによってきて、あーだ、こーだ、と話をしていることに気がついたのです。あたかもコミュニケーションのきっかけにしているように感じたのです。

この年に限らず、このようなマイナスな言葉を使って、コミュニケーションをとろうとする子はいました。「〜したくな〜い」とマイナスな言葉を言ったり、立ち歩いたり、人の邪魔をしたりしてしまう子もいました。そして、そんな子たちは、

これまでの経験や体験から心が傷ついている

ということに気がつきました。このことに気がつくと、「キモイ」とか「あっち行って」とか言われても、少し優しい気持ちになれました。そして、冷静に対応することができるようになりました。

しかし、だからといって、どんな言葉でも許したわけではありません。「死ね」と言ったときには、とても叱りました。この言葉は軽々しく使っていいわけではありません。「死ねと言った相手が本当に死んだら、あなたは後悔しかしない」という話をしたこともあります。

マイナスなことを言ってしまう子は、どのように自分の気持ちを伝えたらよいのかを知らないケースもあります。だから、こういうときにはどのような言葉遣いをしたらよいのかを伝えていくことも大切です。

そして、「友だちには言わないこと。その言葉をなんとも思わない子もいれば、マイナスに捉えてしまう子がいる」ということは何度も伝えていきます。

36 丁寧語で話をする

子どもにどのような言葉遣いをしたらいいでしょうか？

できる限り丁寧語がよいかな。

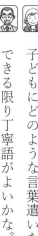

子どもと親しくなるために、普段話しているような言葉遣いで接していくことが大切だと1年目に思っていました。1年目に学級の子に、「友だちのようにタメ口で話をしようよ」と提案されたことがあります。

そんなある日、保護者へ電話している若手の先生が、「うんうん」「そっかー」「それで～」といった「友だちか！」とツッコミを入れたくなるような言葉遣い

や応対を年上の保護者にしている様子を見て、違和感を覚えました。それ以降、

普段友だちと話しているような言葉遣いではダメ

と思うようになり、できる限り丁寧語で話をしていこうと決心をしました。関西弁で話をしていて、子どもたちから怖いと言われたこともあります。子どもは友だちではありません。普段の話し口調やタメ口は、保護者受けも悪いです。

とはいっても、全て丁寧語になっているかといえば、自信がありません。丁寧語になっていないときもあることでしょう。だから、私は

「～です」「～ます」というように文末表現を変えることを意識する

ようにしています。文末表現が変えるだけで、相手に与える印象が変わります。

私が住んでいる関西地方は漫才文化があります。比較的、「あほ」「馬鹿」という言葉に対して、ハードルが低いように思います。だからといって、子どもに「あほじゃないの？」「馬鹿じゃないの？」といった言葉を使うと、子どもに誤解を与えてしまう可能性があります。私は自分が小学生のときに担任の先生から「あほ」「馬鹿」と言われ、とても嫌な気持ちになりました。人によって、受け止め方は違います。わざわざ、自分から誤解を与える必要はありません。

誤解を与えると、家で保護者に伝え、保護者が激怒するという未来しか待っていません。自分でトラブルの火種を作ることをやめましょう。

37　自分が間違えたときは謝る

 間違えたことをしてしまった場合はどうするのですか？

 謝ります。

「子どもに謝ることにプライドはないのですか？」と言われたことがあります。そんなプライドは必要ありません。もし、今そんなことを1ミリでも思われたのなら、今すぐその考えを捨てましょう。

教師は完璧な存在ではありません。

教師は神ではありません。
教師は人間です。

だから、間違えることや失敗することもあります。間違えたり、失敗したりすると大人はつい隠してしまいます。そうではなく、間違えたり、失敗したときには謝ればよいのです。

間違えたり、失敗したときには謝る姿を見せることが、子どもたちに教室で間違えたり、失敗したりしてもいいんだという空気を作り出します。また、間違えたり、失敗したりしても大丈夫と挑戦する空気を作り出します。

実は、これらの話は、20代のときに先輩に言われたことです、その当時の私は子どもたちに弱みを見せたらダメ、間違えたり失敗したりする姿を見せたくないと思っていました。その結果、先輩には、私と子どもたちが楽しめていないように見えたのでしょう。ある日、「子どもの笑顔を大切にしたいとか言っているけど、子どもに対して偉そうに見える。子どもを馬鹿にしていないか。子どもに話をしているときの表情を見たことがあるのか」と叱られました。そのとき、「そうか。完璧じゃなくていいんだ」と思い、心がすーーーっと楽になったことを覚えています。

「誤魔化す大人」と「正直に言う大人」のどちらを子どもは信頼しますか？

答えはもう決まっていると思います。

38 仲が良いように見えるけど

この子達は本当に仲が良いクラスですね。

まぁね。色々あるんだよ…。

学級は、１つの教室という箱に、同じ学年の子たちが30～40人、自分の意図とは関係なく集められたグループです。つまり、自分たちで選ぶことのできない、偶然的な人間関係からのスタートです。私は「友だち」「仲間」を

友だち…信頼関係がある間柄

仲間…何かを一緒にする間柄

と考えています。最初から学級の中で信頼関係があるわけではありません。昨年度、同じ学級の子どもたち、家が近所の子どもたち、幼馴染の子どもたちの間には信頼関係があるから、友だちと言えるのかもしれませんが、新学期の初日に学級全員が友だちと言うことはあり得ません。そして、学級全員と友だちになれるとは思っていません。合う人、合わない人がいます。性格の一致、不一致もあります。大人でもそうです。どうしても仲良くなれない人はいます。だから、学級全員と友だちにならなくてもいいと思っています。だからといって、

友だちになれない人に意地悪をしてもいいわけではありません。困っているときに、見捨てていいわけではありません。

同じ学級の仲間として、助けたり、協力し合ったりしないといけません。マイナスな表情や態度も出してはいけません。休み時間の友達関係と授業中の友達関係は別物です。そして、子どもたちの「友だち」という言葉に、

相手を批判したらダメというような雰囲気を感じます。

本当に信頼関係があるのなら、相手から批判されてもビクともしないはずです。でも、子どもたちの「友だち」の定義では、傷ついて、喧嘩が起こります。逆に友だちだからと相手の顔色を伺い、批判をしない子もいます。これではお互い成長できません。だから、我々教師が、今の関係ではまだ友だちとは言えないことに気づき、授業の中でお互いの成長のために批判もできるように促していく必要があります。

39 トラブルがあるなんてあたりまえ

トラブルがあったら怖いです。

トラブルはどの学級でも必ずあるよ！

断言しましょう。トラブルがない学級はありません。誰もが知っている有名な実践家の学級でも、トラブルは必ずあります。

もう1つ断言しましょう。全てのことが上手くいっている先生は、1人もいません。誰もが知っている有名な実践家でも、上手くいかないことは必ずあります。

そう思うと少し気持ちが楽になりませんか。

ここまでに何度も書いていますが、若手の先生はとても素直で真面目な先生が多いです。私の数十倍、真面目なステキな先生です。でも、そう思う一方で、**真面目すぎて、「こうでないといけない」というのが強すぎます。**

1つのトラブル、1つうまくいかなかったことで悩みすぎてしまいます。トラブルが1つあったとき、それを失敗と受け止めてしまいます。0（失敗）か100（成功）かと考えてしまいます。大切なのは、**トラブルがあった後、うまくいかなかった後にどのような行動を取るか**です。もちろん何もしないというのはダメです。

誠意です。とにかく一生懸命に取り組むことです。

一生懸命にしている姿は誰かが見てくれています。学級の子かもしれないし、同僚かもしれないし、保護者かもしれません。

その姿を見てくれた人が、あなたを助けてくれます。

ただ、失敗してはいけないこともあります。たとえばいじめなどの案件です。でも、そういった案件は難しい案件です。難しい案件のときには、**一人で全てを解決しようとせず**に、すぐに管理職、学年主任、隣の先生に相談をしましょう。

40　常に学級崩壊するかと思っている

考えが変わるきっかけはあるのですか？

子どもたちからの声が考えるきっかけでした。

あまり信じてもらえませんが、私はガラスのハートです。学期の始業式前日になると、子どもたちと会うのに緊張します。どのような話をしたらいいのか緊張します。授業をするのに緊張します。こういった内容をＳＮＳで投稿すると、「驚き！」「樋口先生もそうなんだ！」「不安に思っているのは自分だけではなかったんですね」と多くの共感を得たことがありました。不安に思っている先生は年数限らず、多くいることがわかりました。

そして、毎日、学級崩壊しないかと不安に思っています。「今の指導は大丈夫だったかな…」と指導した直後から考えています。よく先輩から「気にしすぎ」と言われたり、自分のこんな性格を嫌に思ったりしたこともあるのですが…。

経験を積んでいくなかで、

気にしない強い心だけではダメ！　気にしすぎる繊細な心だけでもダメ！

ということに気がつきました。

授業中に、「え～、そんなのわからへんで～」「むずい～」「え～、算数きら～い」「もうしたくな～い」と言ってしまう子がいます。

そんな声に負けずに、授業を進めていくという強い心

も必要です。ただ、強引すぎてもいけません。

子どもの声というのは、子どもたちからの訴えでもあります。その訴えを受けとめ、授業改善や対策などに活かしていかないといけません。これには繊細な心が必要です。ただ受け止めすぎると、心がしんどくなります。だから、

強さと繊細な心のどちらももって指導することが大切です。

「そんなこと言わずに頑張ろうよ」と笑顔で励ますときもあれば、グイグイ引っ張っていくことも必要です。

5章　あなたに伝えたいこと

「仕事術」

41 保護者の話をすべて真に受けない

保護者からどのような話があるのかドキドキです。

保護者の話はすべてを真に受けたらダメだよ。

先生になると、個人懇談で子どもについての話をします。実習生のときと違い、保護者からの要望であったり、改善であったり、批判であったり、色々な話を聞きます。

子どものことを一番知っているのは、たしかに保護者です。しかし、それでも、

保護者の話は情報の1つ

にすぎません。自分が判断とするための材料の1つということになります。つまり、保護者の話が絶対に正しいというわけではありません。子どもによっては、学校と家で見せている姿が違う子もいます。

保護者から言われることで気をつけることがあります。たとえば、「先生、うちの子どもが悪いことをしたら、げんこつしてくれて構いませんよ」ということをいまだに言われることがあります。この言葉を真に受けて、本当にげんこつをしてしまってはいけません。「なんで、うちの子にげんこつをしたのですか！」とクレームがくるかもしれないからです。「え!?　話が違うよ！」と思うかもしれませんが、そういうものです。げんこつは体罰になります。自分の立場が危うくなります。

保護者のネットワークはすごいです。少しの火種が大火事になることもあります。座っている先生の膝の上に乗って座ろうとする子どもがいます。また、「持ち上げて」とひっついてくる子がいます。何も思っていなくても、その様子を見た違う子が不快に思い、子どもへのセクハラと捉えられてしまう可能性があります。そして、その話を家ですると……。もちろんやましいことはないので、何かそういったことを言われたときに、堂々と違う！　と言い切って構いません。ただ、私は、自分で火種をつくらないようにしています。だから、冗談のように、「先生は暑がりだから、半径1ｍ以内に近づかないでね」と本気のような冗談を言うようにしています。

最近は子ども大人に関係なく、異性と2人きりで話をしないようにも気をつけています。話をするにしても、ドアを開け、距離を保ちながら話をするようにしています。リスク管理もこれからより求められてくることでしょう。

42 早く帰るよの一言

先生が早く帰ろうと言ってくれたのが嬉しかったです。
早く帰れるときは早く帰るのが一番。

実習生に、「できる限り早く帰るために頑張ろう」という話をすると、最近喜ばれます。特にすることがないのなら、17時に帰ってもよいと考えています。

私も普段はできる限り早く職場を出ようと思っています。ブラックという言葉があるように、学生のみなさんは仕事の量などに恐れていることでしょう。

20代の頃はそうは思っていませんでした。学校で任させる仕事以外にも、原稿

を執筆したり、学習会で実践を発表したりと仕事量は年々増えていきました。それらをカバーするために、

・学校も20時まで残って仕事をしていた
・帰宅後も家で仕事をしていた
・土日のどちらか一日は仕事をしていた

そんな20代でした。なにかここまで取り組むのが、自分の中で「美徳」にすら思っていました。そして、学校で任される仕事が増えるほど、自分はみんなから頼りにされているんだと自分の存在を実感できるような気がしていました。だから、何もすることがなくなると、不安に襲われていました。

そのときの私は、17時に帰宅する先生、自分より早く帰宅される先生たちに対して、「仕事をさぼっているのではないのか」「もっと一生懸命に取り組んだほうがよい」ということすら思っていました。だから、どんどんとイライラした態度

が表れるようになりました。そのような私は、今思うと最低でした。

今ならわかります。人にはそれぞれの事情があります。子育て、通院、介護など残りたくても残れない事情があったりします。定時通りに帰らないといけない人もいます。そして、夜遅くまで仕事をすることや土日の休みをつぶしてまで仕事をすることがすばらしいというわけではありません。

本当は、17時に終わるようにしていかないといけません。若手は先輩がいると帰りづらい人もいるから、率先して帰っていく。そんなことを行なっていくことも大切です。帰れるときは、どんどん帰っていきましょう！　そして、有給も遠慮なく使っていきましょう！　働きすぎて、自分の体調を崩しては元も子もありません。

43 本当に仲良くなる必要はあるのか

他の先生と仲良くなれますかね？

仲良くなる必要はないんじゃない？

右の会話はこの後、「え!? 仲良くなる必要ないんですか?」と驚かれます。

だからといって、仲が悪くてオッケーというわけではありません。

みんなで協力して、子どもたちのことをみんなでしっかりやっていこうよ

ということを言いたいのです。学級では「みんな仲良く」と言っておきながら、職員室では「仲良く」していないケースもあります。もちろん、仲が良いと働きやすいかもしれません。「私の職場は仲が良い」と言われる方がいますが、本当に全員そのように思っているでしょうか。仲が良い、悪いとかに左右されることなく、みんなで協力して、子どもたちのことをしっかりやっていく、これを大前提としましょうということです。

休みの日に、若手を積極的に誘っている中堅の先生がいました。仲を深めようとしているのかもしれません。若手のリフレッシュをしようと動いているのかもしれません。私は誘ったり、誘われたりすることが苦手なタイプです。休みの日は自由にさせてよと思うタイプです。ただ、誘われないと「羨ましいな」と思ってしまうややこしいタイプでした。一方で、私は先輩との飲み会は好きでした。毎週でも飲みにいきたいくらいでした。しかし、私のように飲み会が好きな人もいれば、「飲み会にいくことが苦痛」と思われている方もいます。

いろんなタイプがいるということです。学級でも同じです。職員室でも同じです。先生方に対して、もっと大人になってよと思うときもあります。

私たちの仕事は、お金をもらって働いているビジネスです。人それぞれの感情によって左右されたら本当はだめです。このように書くと、何か無機質のように聞こえるかもしれませんが、事実です。締め切りや時間は守ろう、上司への報告・連絡・相談をきっちりやるといった、社会人としてあたりまえのことをやるべきなのです。だって、お金をいただいているのですから。

冒頭の会話を紹介すると、「ちょっと気持ちが楽になりました」と言われる方もいます。きっと人間関係に悩んでいるのでしょう。

44　子どもを馬鹿にしない

先生って、大人に対して怒ることはあるのですか？

子どもを馬鹿にしたら怒るかな。

今から数年前、採用10年目の方の授業を参観していました。10年というキャリアがある分、授業のテクニックがある方でした。でも、

何か子どもを馬鹿にしているように見えた

のでした。

「こんなこともできないの⁉」「前にやったでしょ？」「馬鹿！」「あほか！」といったことを授業中に言っていました。そして、自分が言って欲しい考え以外を切り捨てている。そんな風に見えました。協議会で、「本当はここまでしたかったんですけど、子どもたちが〜」と授業がうまくいかなかった原因を子どものせいにしたのです。思わず、子どもを馬鹿にするなと怒ってしまいました。

私は職員室で問題が解けない子に対して、

「〇〇くん、あんな簡単な問題も解けないの。どうなってるねん」

「親が全然協力してくれないもんな。もっと協力してくれないと」

と悪口に近いような愚痴を言う先生がとても苦手です。こういうことを言った後に改善策を話し合えばよいのですが、大概の場合、愚痴を言い、ストレス発散をして終わってしまいます。そのような子どもの姿は新学期当初はこれまでの積み重ねに原因があるかもしれません。しかし、半年もたてば、自分の指導の責任です。子どもたちは一生懸命に取り組んでいます。そのことを忘れてはいけません。ただ、こんなことを言っておきながら、昔の私は子どもを馬鹿にしていた教師でした。右のようなことも言っていました。そして、とにかく強気でした。強気100％でした。

最近、私が好きな言葉があります。

子どもには無限の可能性がある。その可能性をつぶすのは大人。

成長していく中で、子どもたち自身が理想と現実のなかで折り合いをつけていくことはあります。ときには、現実を教えることは必要かもしれません。それでも、子どもには無限の可能性があることを信じ、共に歩んでいくことが大切です。

45 先生のようになりたい

先生のようになりたいです。

ぼくのようにならない方がいいよ。あなたはあなた。

このように言うには、２つ理由があります。

1つ目は、自分の色が出た先生になってほしいと願っています。今は、みんな似たような、なにか量産型教師が生み出されているような雰囲気がしています。それで子どもも先生も楽しいのかなと思ってしまいます。

子どもたちには色々なタイプの先生に出会って欲しいです。この先生に共感できるけど、この先生はムカつくといったことまで様々なことを子どもに経験をしてほしいのです。それらの思いがすべて子どもの成長につながると思っています。

2つ目は、私のような先生になるのが正解かどうかわからないということです。ありがたいことに本を出したり、飛び込みで授業をしたり、学習会やセミナーなどで登壇したりしている様子に憧れをもってくれているのでしょう。その分、失っているものもあるはずです。遊ぶ時間を削り、睡眠時間を削り、家族の時間を削り…。

20代の頃は、私は人が休んでいるときに、少しでも勉強しようとしていたタイプでした。多くの土日に東京に行き、研究会に参加したりしていました。

最近よく思うのは色々な経験が、教師力につながるように感じます。旅行に行くなど、プライベートのこともすべて教師力につながっています。逆に私のように教育のことばかりを学びすぎると、

頭でっかちになってしまいます。

自分の知っていることが正しいと思い、他の人のアドバイスを全く聞かなかったり、馬鹿にしたりするといった20代の私のようになってしまう恐れがあります。この20代の私のような状態は結構やっかいです。

相手の背景や状況を把握せずに、自分の考えを伝えてしまい、それを正義だと思い込んでしまいます。

SNSで教員のアカウント同士が揉めているときは、この場合がとても多いように思います。

46 子どもの見方

子どもをどのように柔軟に見ていったらいいですか？

色々な見方をもちたいね。

いきなりですが、問題です。考えてみてください。

サイコロがあります。1が出る確率はいくらでしょうか。

さぁ、答えはどうなるでしょうか。6分の1と考えた人が多いのではないでしょうか。でも、考えてみてください。このサイコロは「1～6」が書いているとは一言も書いていません。もしかしたら、すべて「1」かもしれません。もしかしたら、「1」が書いていないかもしれません。もしかしたら、32面体かもしれません。これまでにサイコロを使った経験やサイコロは6面、1〜6あるという知識から、

サイコロは6面という思い込み

をしてしまったのです。こういった思い込みを子どもたちにしてしまっているケースがよくあります。新年度、前年度の担任から子どもの情報を教えてもらう時間があります。そのときの情報を鵜呑みにしてはいけないということです。あくまで、前年度の先生の子どもの見方のものさしで考えた情報のこともあります（アレルギーや家庭環境の情報は別です）。だから先入観ではなく、まっさらな気

持ちで子どもたちと出会うことが大切です。

先程の問題での種明かしをしたとき、

「あ～、そういう見方があるのか～」と思うのか、「なんだよ～、それズルくない？」と思うのか

では大きな違いがあることに気づくでしょうか。前者の場合は違う見方もあることに納得しています。後者の場合は「ズルくない」という言葉からわかるように自分の知識や経験がベースになっており、それ以外の考えは受け入れないような意識が読み取れます。前者のような意識で、子どものことを考えると、色々な見方ができるようになります。

Column 学生まなぼうズ

ここでは学生まなぼうズのメンバーから聞いた、学生時代や教育実習のときの心に残った言葉とエピソードを紹介します。若手や教育実習生を指導する先生は参考にしてみてください。

◇能登大貴さん

【学生時代に先生に言われて印象に残っていること】

・学生時代

①小学校で金管クラブの練習の際、本気を突き抜けた先に感動があると言われたこと。

②小学校のお楽しみ会の準備のとき、あなたが失敗しても責任は私が取るから自由にやってみなさいと言われたこと。

③担任の先生が毎日手書きで学級通信を書いてくれたこと。そこには、クラスメート一人一人に当てた文もあり、今でも1年間の学級通信を残しています。

・教育実習

④子どもと真摯に向き合い、人に伝える力が高いと言われたこと。

◇林田美紅さん

【教育実習で先生に言われてうれしかった言葉とエピソード】

・言葉

①子どもたちと一緒に楽しそうに授業をしていて、将来とても素敵な先生になっている姿が思い浮かぶなぁと言われたこと。

②学ぼうとする姿が意欲的で教えていて楽しかったし、いろいろな質問をしてくれるの

で私自身、自分を客観的に見ることができ、勉強になりましたと言われたこと。

③1つ学んだらその先のことにも、自分で考えて応用していて将来が楽しみだなと思いましたと言われたこと。

④子どもと接するときに、自然と笑顔が出ていて素敵ですねと言われたこと。

・エピソード

毎日15分ほど、担当の先生と話をする時間を設けて頂いていたので、些細なことでも相談できたり、先生が教員になった理由や教育観を聞いたりできたので、とてもありがたかったです。

◇片山桂維さん

【教育実習での担当教員の思い出に残っている言葉とエピソード】

・言葉

教員は判断と選択の繰り返し

・エピソード

学部3年生のころに、「子どもに対してどのように接するべきか」「子どもを注意するタイミングはいつか」「授業をつくるうえでどのように進めたらいいか」「臨機応変に動けと言われるが実際難しい」などなど、子どもと向き合ううえで難しさを抱えていました。そんな中で、「教員実習なのだから、子どものためになると思うことであれば思い切ってやるべき。その結果のことは私が責任をもちます。」という言葉とともに、「ただ、教員は判断と選択の毎日です。いつ、どのように子どもにヒントを与えるか、どのように接するかは先生の大きな仕事のひとつです。」というアドバイスをいただきました。そのことがこれからの私の子どもにかかわるうえでのヒントになっているような気がしています。

おわりに

ここまでお読みいただき、ありがとうございました。

実習生・若手に望んでいることは何かと改めて考えると、

「好奇心」

「意思を決定する力」

「そうぞう力」

といったキーワードが思い浮かんできました。こういったことはもちろん大切なのですが、それよりも私が実習生・若手に望んでいることは、「楽しんでほしい」ということです。楽しむためには、本書でも書いてきましたが教師が笑顔でないといけません。そして、子どもも笑顔でないといけません。

私たちは、自分の学生時代の経験だけで取り組んでしまう傾向にあります。学生時代、これ嫌だったな~と思うことはなかったでしょうか。さんざん自分が嫌だと思っていたことを目の前の子どもたちに同じようにしているケースがあります。それを防ぐために、新たなことを「そうぞう」し、取り組んで欲しいと思っています。考えたことが、常に成功するとは限りません。むしろ失敗することの方が多いかもしれません。その失敗すらも楽しんでほしいと思っています。

そして、**いかに真剣に考え、一生懸命に、本気で取り組んでいるのか**という姿勢を子どもたちに見せてほしいと私は考えています。「真剣に」「一生懸命に」という姿はなかなか子どもたちに見せることができないものです。そのような大人の姿から、子どもたちには何かを感じて欲しいと思っています。

教師生活は、辛いこともあるでしょう。でも、必ず助けてくれる人がいます。

辛いときは一人ではありません。そのことも忘れないで欲しいです。

子どもは日々成長しています。それに負けじと我々も日々成長していきませんか。成長具合は子どもの方が大きいかもしれません。我々大人は少ないかもしれません。でも、それでもいいんです。少しでも成長していれば！

はじめにで「永遠の若手」と名乗っていたと書きました。なぜ名乗っていたか、理由を改めて考えてみました。それはいつまでも挑戦をしたいという思いがあるからなのだと思います。

まだまだ、私は挑戦し続けます。共に頑張りましょう。

２０２１年　１月１日

樋口万太郎

プロフィール

樋口万太郎

1983年大阪府生まれ。大阪府公立小学校、大阪教育大学附属池田小学校を経て、京都教育大学附属桃山小学校に勤務、現在に至る。全国算数授業研究会 幹事、関西算数授業研究会 会長などに所属。学校図書教科書「小学校算数」編集委員。主な著書に『そのひと言で授業・子供が変わる！ 算数7つの決めゼリフ』『できる！楽しい！アクティブ・ラーニング型算数授業』『算数授業で学級づくり』（東洋館出版社）『子どもの問いからはじまる授業！』（学陽書房）ほか多数。

参考・引用文献

・西野 亮廣（2020）『ゴミ人間 日本中から笑われた夢がある』KADOKAWA

・堀江貴文・野村克也（2020）『夢中力』光文社

・若松俊介・片山紀子（2017）『「深い学び」を支える学級はコーチングでつくる』ミネルヴァ書房

・岩瀬直樹・ちょんせいこ（2011）『よくわかる学級ファシリテーション①―かかわりスキル編―（信頼ベースのクラスをつくる）』解放出版社

・田中博史（2014）『子どもが変わる接し方』東洋館出版社

・田中博史（2019）『子どもが発言したくなる！ 対話の技術』学陽書房

・田中博史（2018）『子どもと接するときに ほんとうに大切なこと』キノブックス

・細水保宏（2015）『スカッとさわやかに！』東洋館出版社

・金大竜（2016）『「気になる子」「苦しんでいる子」の育て方：一人ひとりの凸凹に寄り添う』小学館

・樋口万太郎（2021）『3つのステップでできる！ ワクワク子どもが学び出す算数授業』学陽書房

参考・引用文献

・樋口万太郎（2020）『子どもの問いからはじまる授業！』学陽書房
・石井英真　監修（2021）『失敗から学ぶ―これからの教師のための思考法―』東洋館出版社

これから教壇に立つあなたに伝えたいこと

2021（令和３）年５月21日　初版第１刷発行
2023（令和５）年６月19日　初版第５刷発行

著　　者：樋口万太郎

発 行 者：錦織圭之介

発 行 所：株式会社　東洋館出版社
〒101-0054　東京都千代田区神田錦町２丁目９番１号
コンフォール安田ビル２階
営業部　TEL：03-6778-7278
FAX：03-5281-8092
代　表　TEL：03-6778-4343
FAX：03-5281-8091
振替　00180-7-96823
U R L　https://www.toyokan.co.jp

［装　丁］水戸部功＋北村陽香
［イラスト］こすげちえみ
［印刷・製本］岩岡印刷株式会社

ISBN978-4-491-04520-7 / Printed in Japan